Ulrich Renz · Marc Robitzky

Angsa-Angsa liar

বন্য রাজহাঁস

Buku bergambar hasil adaptasi dari dongeng karya
Hans Christian Andersen dalam dua bahasa

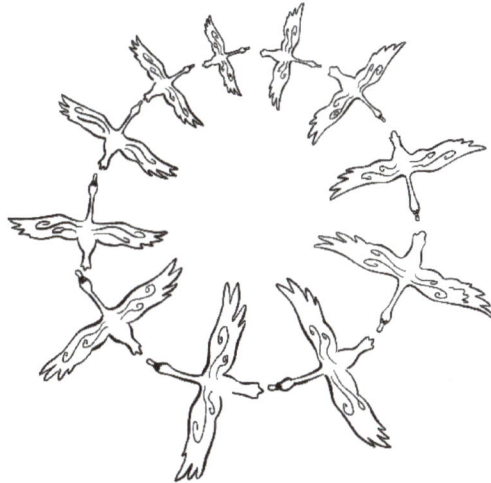

Terjemahan:

Dewi Putri Wardjiman, Lübeck, Germany (b. Indonesia)

Kuheli Dutta, Cox'sBaza, Bangladesh (b. Bengali)

sefa

Pada zaman dahulu kala ada dua belas anak-anak raja —
sebelas saudara laki-laki dan satu kakak sulung
perempuan, Elisa. Mereka hidup bahagia di sebuah
istana yang indah.

এক যে ছিল বারো রাজশিশু - এগার ভাই ও তাদের বড় বোন,
এলিসা। তারা একটি সুন্দর প্রাসাদে সুখে বাস করত।

Suatu hari sang ibu meninggal, dan beberapa waktu kemudian sang raja menikah kembali. Tetapi sang istri yang baru ternyata adalah seorang penyihir jahat. Dengan sebuah kutukan dia mengubah kesebelas pangeran menjadi angsa dan mengirim mereka pergi, ke sebuah negara yang amat jauh di belakang hutan besar.

একদিন মা মারা যান, এবং কিছু সময় পরে রাজা আবার বিয়ে করেন।
তবে, নতুন স্ত্রী একজন ডাইনী ছিল। একটি জাদুমন্ত্র দ্বারা সে
এগারজন রাজপুত্রকে রাজহাঁস এ পরিণত করল এবং বনের বাইরে
একটি দূরবর্তী দেশে পাঠিয়ে দিল।

Dia memakaikan sang gadis pakaian usang dan mengoleskan salep buruk rupa ke wajahnya, sehingga ayahnya sendiri tidak mengenalinya lagi dan mengusir sang gadis dari istana. Elisa berlari ke dalam hutan yang gelap.

সে রাজকন্যাকে নেকড়া পরিয়ে এবং তার মুখে একটি কুশ্রী মলম মাখিয়ে দিল যাতে তার নিজের পিতা তাকে আর চিনতে পারল না এবং তাকে প্রাসাদ থেকে তাড়িয়ে দিল। এলিসা দৌড়ে অন্ধকার জঙ্গলে পালিয়ে গেল।

Kini sang gadis tersebut seorang diri, dan merindukan dari lubuk hatinya yang terdalam saudara-saudara laki-lakinya yang hilang. Ketika malam tiba, dia membuatkan untuk dirinya sebuah tempat tidur beralaskan lumut di bawah pepohonan.

এখন সে একেবারে একা ছিল, এবং আত্মার অন্তঃস্থল থেকে তার নিখোঁজ ভাইদের জন্য অপেক্ষা করছিল। সন্ধ্যা হলে পর সে গাছের নীচে নিজের জন্য একটি শৈবাল বিছানা তৈরি করত।

Pada pagi hari selanjutnya dia mendatangi sebuah danau yang sunyi dan terkejut ketika melihat bayangannya sendiri di air. Tetapi setelah dia membasuh dirinya, dia adalah anak raja yang tercantik di bawah matahari.

পরদিন সকালে সে একটি শান্ত লেকের কাছে এল এবং পানিতে তার প্রতিফলন দেখে বিস্মিত হল। কিন্তু নিজেকে ধুয়ে নেয়ার পর, সে সূর্যের নীচে সবচেয়ে সুন্দর রাজকীয় শিশু ছিল।

Setelah beberapa hari kemudian Elisa telah sampai di laut yang besar. Terlihatlah sebelas bulu angsa yang menari-nari di atas permukaan ombak laut.

এর অনেক দিন পর, এলিসা সাগরের ধারে পৌঁছাল। সেখানে ঢেউয়ের মাঝে এগারটি রাঁজহাসের পালক দুলছিল।

Ketika matahari terbenam, terdengarlah gemerisik di udara, dan terlihatlah sebelas angsa liar sedang mendarat di air. Elisa segera mengenali saudara-saudara laki-lakinya yang tersihir. Tetapi karena mereka berbicara bahasa angsa, dia tidak dapat mengerti mereka.

সূর্য অস্ত যাবার সময় সেখানে বাতাসে ঝিরঝির শব্দ হল, এবং এগারো বন্য রাজহাঁস জলের উপর অবতরন করল। এলিসা অবিলম্বে তার মায়াময় ভাইদের চিনতে পারল কিন্তু যেহেতু তারা রাজহাঁসের ভাষা বলছিল, সে তাদের বুঝতে পারছিল না।

Pada siang hari para angsa tersebut pergi terbang, dan pada malam hari kakak-beradik tersebut berkumpul di sebuah gua.

Suatu malam, Elisa mendapatkan sebuah mimpi yang ajaib: Ibunya memberi tahu kepada dia bagaimana caranya untuk membebaskan saudara-saudara laki-lakinya. Dia diharuskan untuk merajut sebuah baju untuk setiap angsa dari rumput liar yang daunnya berduri, yang tumbuh di berbagai tempat yang gelap, dan melemparkannya satu persatu ke mereka. Tetapi sampai tugas itu selesai, dia tidak boleh mengucapkan satu kata pun, kalau tidak, saudara-saudara laki-lakinya akan meninggal.
Elisa segera memulai tugasnya. Walaupun tangannya terasa seperti terbakar api, dia terus merajut tanpa lelah.

দিনের বেলায় রাজহাঁসগুলো দূরে উড়ে যায়, আর রাতে ভাইবোন একটি গুহার মধ্যে একসঙ্গে জড়াজড়ি করে ঘুমায়।

এক রাতে, এলিসা একটি অদ্ভুত স্বপ্ন দেখল: তার মা তাকে বলল সে কিভাবে তার ভাইদের মুক্তি দিতে পারে। তাকে প্রতিটি রাজহাঁসের জন্য যন্ত্রণাদায়ক বিছুটি থেকে একটা জামা বুনতে, এবং এটি হাঁসের উপর নিক্ষেপ করতে হবে। তখন পর্যন্ত, সে একটি শব্দও বলতে পারবে না, নয়ত তার ভাইদের মৃত্যুবরণ করতে হবে।
এলিসা অবিলম্বে কাজ শুরু করল। যদিও তার হাত আগুনের মত জ্বলছিল, সে নিরলসভাবে বুনন চালিয়ে গেল।

Suatu hari terdengar di kejauhan bunyi-bunyi terompet dari perburuan. Seorang pangeran dan para bawahannya sedang berkuda, dan tak lama kemudian berdirilah sang pangeran di hadapan sang gadis. Ketika keduanya saling bertatap mata, mereka jatuh cinta.

একদিন দূরে শিকারের বাদ্য বাজছিল।একজন রাজকুমার তার সফরসঙ্গীদের সঙ্গে ঘোড়ায় চড়ে এল, এবং শীঘ্রই তার সামনে দাঁড়াল। তারা দুজন যখন একে অপরের চোখের দিকে তাকল, তখন প্রেমে পড়ে গেল।

Sang pangeran mengangkat Elisa
ke kudanya dan membawanya ke
istana sang pangeran.

রাজকুমার এলিসাকে ঘোড়ায় চড়িয়ে
তার প্রাসাদে নিয়ে গেল।

Sang bendahara yang berkuasa
sama sekali tidak senang dengan
kedatangan si cantik yang bisu
ini. Putri kandungnya sendirilah
yang seharusnya menjadi
pengantin dari sang pangeran.

বলশালী কোষাধ্যক্ষ কিন্তু মোটেই এই
মূক সুন্দরীর আগমনে খুশি ছিল না।
তাঁর নিজের কন্যার রাজকুমারের বউ
হওয়ার কথা ছিল।

Elisa tidak melupakan saudara-saudara laki-lakinya. Setiap malam dia melanjutkan tugasnya untuk membuat kemeja. Suatu malam dia pergi ke taman makam untuk mendapatkan rumput liar yang segar untuk baju adik-adiknya. Sang bendahara mengamatinya secara diam-diam.

এলিসা তার ভাইদের ভুলে যায়নি। প্রতি সন্ধ্যায় সে জামার কাজ অব্যাহত রাখল। এক রাতে সে তাজা বিছুটি পাতা নিতে কবরস্থানে গেল। কোষাধ্যক্ষ তাকে গোপনে খেয়াল করল।

Segera setelah sang pangeran pergi berburu, sang bendahara menjebloskan Elisa ke bawah tanah. Dia berpendapat bahwa gadis tersebut adalah penyihir yang berkumpul dengan para penyihir lain di malam hari.

রাজকুমার শিকারে যেতেই কোষাধ্যক্ষ এলিসাকে অন্ধকূপে নিক্ষেপ করল। সে দাবি করল, মেয়েটি একটি ডাইনি যে কিনা রাতে অন্যান্য ডাইনিদের জড়ো করে।

Ketika subuh, Elisa dijemput oleh para penjaga. Dia akan dibakar di alun-alun kota.

ভোরে, এলিসাকে রক্ষিবাহিনী দ্বারা নিয়ে যাওয়া হয়। তাকে বাজারে পুড়িয়ে মারার কথা ছিল।

Tak lama setelah sang gadis tersebut tiba, datanglah secara tiba-tiba sebelas angsa putih. Elisa dengan cepat melemparkan ke setiap mereka baju dari rumput liar. Tidak lama kemudian kesemua saudara-saudara laki-lakinya berdiri di hadapannya dalam wujud manusia. Terkecuali si bungsu, yang bajunya masih belum rampung, tetap mempunyai sebuah sayap.

সে সেখানে পৌঁছাতেই হঠাৎ এগারোটি সাদা রাজহাঁস উড়ে এল। এলিসা দ্রুত তাদের প্রত্যেকের উপর একটা করে জামা ছুড়ে দিল। অল্প কিছুক্ষন পর তার সব ভাই মানুষের আকারে তার সামনে দাঁড়াল. শুধু সবচেয়ে ছোট ভাই, যার জামা পুরোপুরি সমাপ্ত হয়নি, এক হাতের স্থানে একটি পাখা রয়ে গেল।

Pelukan dan ciuman sang kakak-beradik masih tak kunjung berhenti, ketika sang pangeran kembali. Akhirnya Elisa dapat menjelaskan semuanya kepadanya. Sang pangeran memerintahkan agar sang bendahara yang jahat dijebloskan ke bawah tanah. Setelah itu pernikahan sang pangeran dan Elisa dirayakan selama tujuh hari lamanya.

Dan mereka hidup bahagia selama-lamanya.

ভাইবোনের সস্নেহ আলিঙ্গন শেষ না হতেই রাজকুমারও ফিরে এল। অবশেষে এলিসা তাকে সবকিছু ব্যাখ্যা করতে সক্ষম হল। রাজকুমার খারাপ কোষাধ্যক্ষকে অন্ধকূপে নিক্ষিপ্ত করল। আর তার পরে সাত দিন ধরে বিয়ে উদযাপন করা হল। এবং তারা সুখে শান্তিতে বাস করতে লাগলো।

আমার কথাটি ফুরোলো; নটে গাছটি মুরোলো।

Children's Books for the Global Village

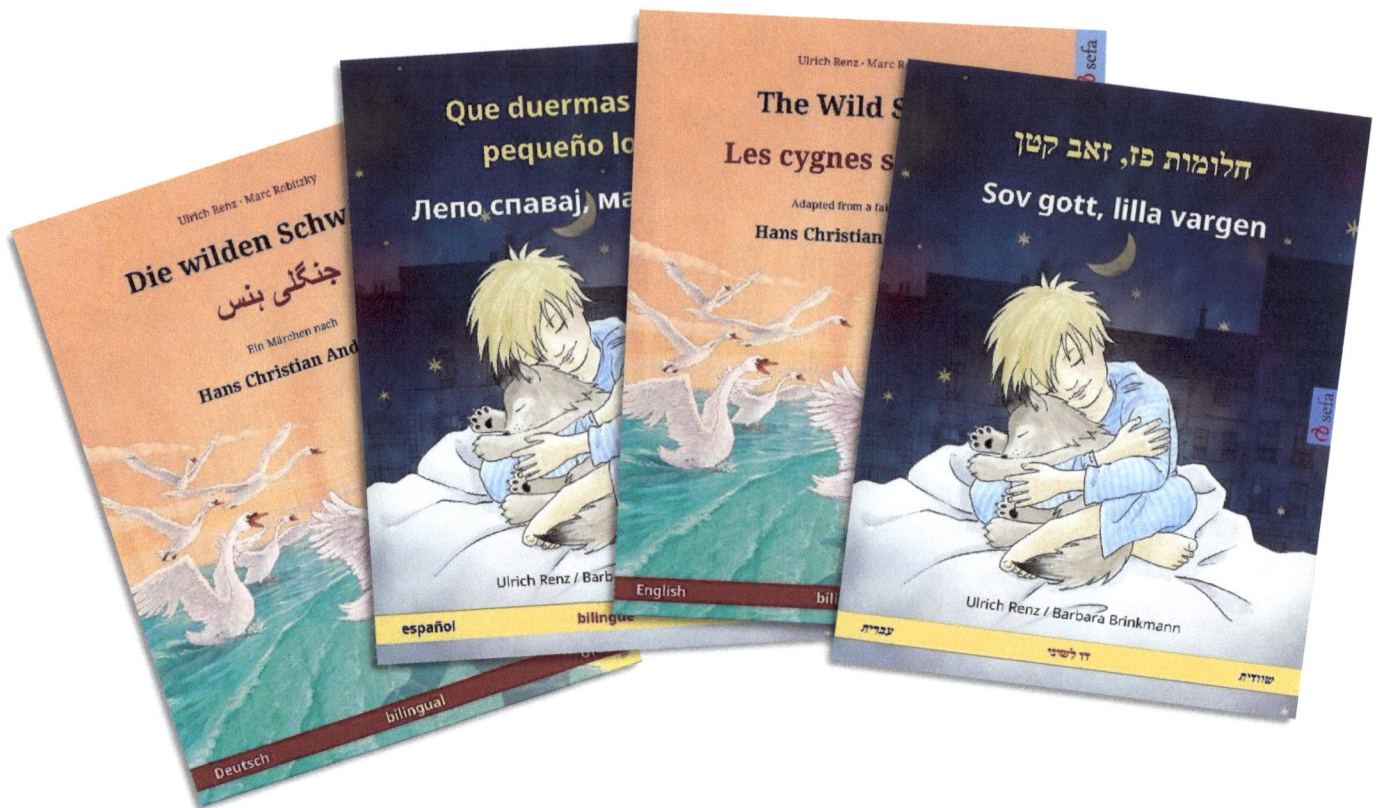

Ever more children are born away from their parents' home countries, and are balancing between the languages of their mother, their father, their grandparents, and their peers. Our bilingual books are meant to help bridge the language divides that cross more and more families, neighborhoods and kindergartens in the globalized world.

The Wild Swans also propose to you:

Sleep Tight, Little Wolf

► A heart-warming bedtime story for sleepy children (and their sleepy parents)
► Reading age 2 and up
► Available in more than 60 languages

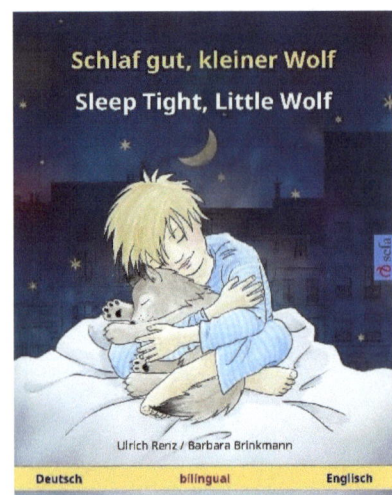

www.childrens-books-bilingual.com

Home	Authors	Little Wolf	About

`Bilingual Children's Books - in any language you want`

Welcome to Little Wolf's Language Wizard!

Just choose the two languages in which you want to read to your children:

Language 1:

French ⌄

Language 2:

Icelandic ⌄

Go!

Learn more about our bilingual books at www.childrens-books-bilingual.com. At the heart of this website you will find what we call our "Language Wizard". It contains more than 60 languages and any of their bilingual combinations: Just select, in a simple drop-down-menu, the two languages in which you'd like to read "Little Wolf" or "The Wild Swans" to your child – and the book is instantly made available, ready for order as an ebook download or as a printed edition.

Hans Christian Andersen was born in the Danish city of Odense in 1805, and died in 1875 in Copenhagen. He gained world fame with his fairy-tales such as "The Little Mermaid", "The Emperor's New Clothes" and "The Ugly Duckling". The tale at hand, "The Wild Swans", was first published in 1838. It has been translated into more than one hundred languages and adapted for a wide range of media including theater, film and musical.

Ulrich Renz was born in Stuttgart, Germany, in 1960. After studying French literature in Paris he graduated from medical school in Lübeck and worked as head of a scientific publishing company. He is now a writer of non-fiction books as well as children's fiction books. www.ulrichrenz.de

Marc Robitzky, born in 1973, studied at the Technical School of Art in Hamburg and the Academy of Visual Arts in Frankfurt. He works as a freelance illustrator and communication designer in Aschaffenburg (Germany). www.robitzky.eu

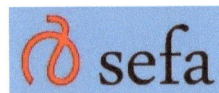

ISBN: 9783739957326

Version: 20170502